DE SEMILLA A PLANTA

MARGARITA

T0014816

GAIL GIBBONS

HOLIDAY HOUSE
NEW YORK

TOMATE

A Sue y Don Collins

Se agradece especialmente a Bob Welch,
de Shearer's Greenhouses,
Bradford, Vermont.

Text and illustrations copyright © 1991 by Gail Gibbons
Spanish translation copyright © 2023
by Holiday House Publishing, Inc.
Spanish translation by María A. Cabrera Arús
Originally published in English as *From Seed to Plant* in 1991
All Rights Reserved
HOLIDAY HOUSE is registered in
the U.S. Patent and Trademark Office.
Printed and bound in August 2023 at Leo Paper, Heshan, China.
www.holidayhouse.com
First Spanish Language Edition
1 3 5 7 9 10 8 6 4 2

Library of Congress Cataloging-in-Publication Data is available.

ISBN: 978-0-8234-5665-9 (Spanish paperback)
ISBN: 978-0-8234-0872-6 (English hardcover as *From Seed to Plant*)

SEMILLAS

VIOLETA

CALABACÍN

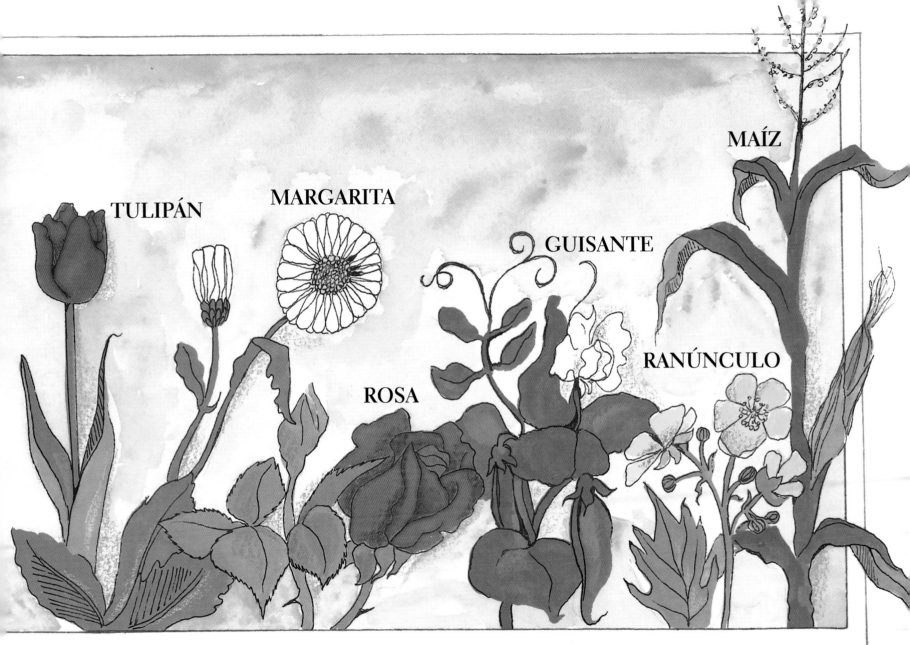

TULIPÁN

MARGARITA

MAÍZ

GUISANTE

RANÚNCULO

ROSA

La mayoría de las plantas producen semillas. Una semilla es el germen de una nueva planta.

Las semillas tienen diferentes formas, tamaños y colores.

GIRASOL

ROBLE

Todas las semillas, al crecer, se convierten en el mismo tipo de planta de la que provinieron.

MANZANO

DIENTE DE LEÓN

CINIA

ÁSTER

Muchas plantas tienen flores. La mayoría de las semillas provienen de flores.

PÉTALO

La parte pegajosa
en el extremo
superior del pistilo
es el ESTIGMA.

Los estambres
producen un polvo
amarillo llamado
POLEN.

En el centro
de la flor está
el PISTILO.

Los ESTAMBRES
rodean el pistilo.

En la base
del pistilo hay
diminutos ovocitos
llamados ÓVULOS.

SÉPALO

TALLO

Las flores se componen de muchas partes.

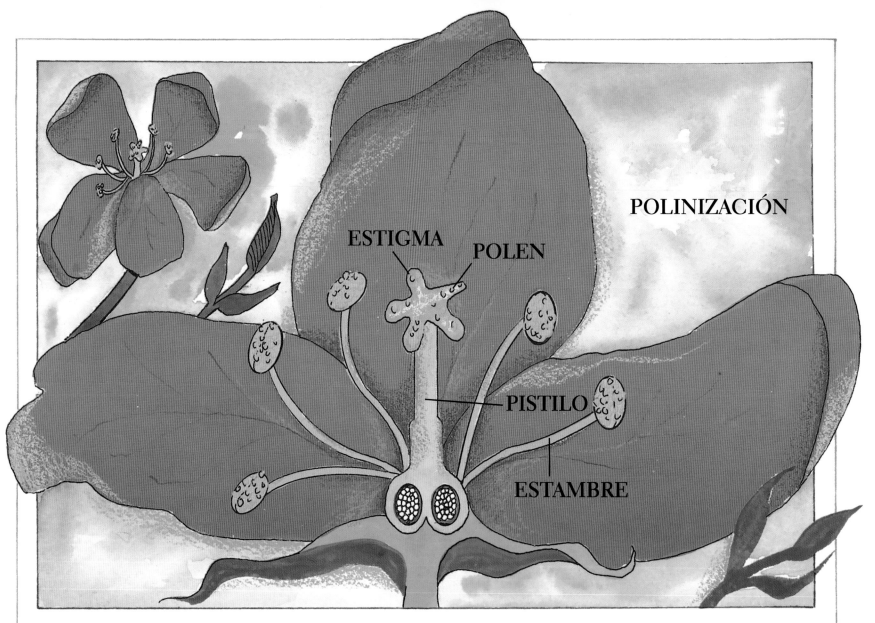

POLINIZACIÓN

ESTIGMA

POLEN

PISTILO

ESTAMBRE

Antes de que una semilla pueda germinar, un grano de polen procedente del estambre debe depositarse en el estigma en la parte superior del pistilo de una flor igual. A esto se le llama polinización.

La polinización se realiza de diferentes maneras. A menudo, el viento lleva el polen de una flor a otra.

POLEN

POLEN

Las abejas, otros insectos y los colibríes también contribuyen
a la polinización: cuando visitan las flores para obtener su jugo
dulce, llamado néctar, el polen se adhiere a sus cuerpos.

POLEN

PISTILO

POLEN

Luego transportan el polen a otra flor, donde se deposita
en el pistilo.

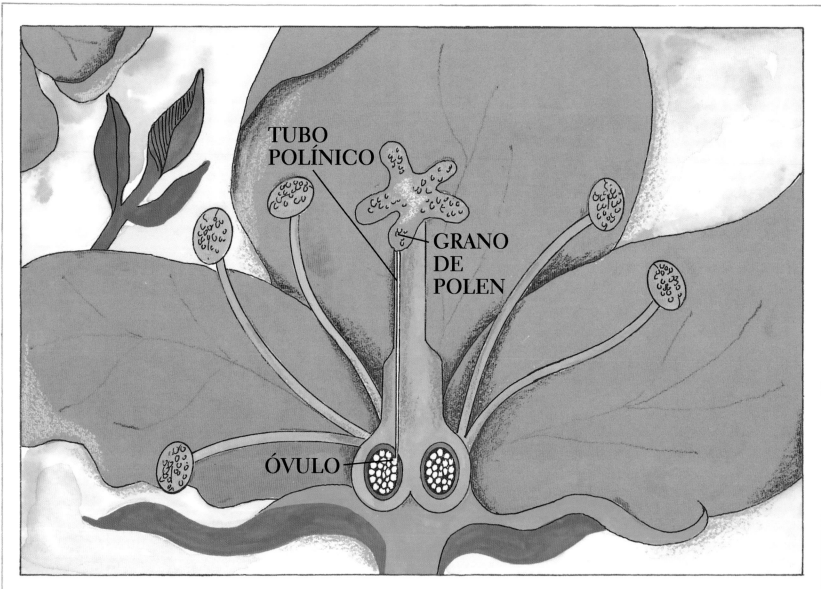

TUBO
POLÍNICO

GRANO
DE
POLEN

ÓVULO

Si un grano de polen de una flor se posa en el pistilo de otra flor del mismo tipo, se desarrolla un largo tubo a través del pistilo hasta el óvulo. Así se forman las semillas.

VAINA

FRUTO

Las semillas se desarrollan dentro de la flor, incluso cuando esta empieza a morir. A medida que las semillas crecen, se forma un fruto o vaina a su alrededor. El fruto o vaina protege las semillas.

Cuando el fruto o la vaina maduran, se abren. Las semillas
están listas para convertirse en nuevas plantas.

Algunas semillas caen al suelo alrededor de la planta,
y crecen allí.

Algunas vainas o frutos se abren y sus semillas salen. A veces,
cuando los pájaros comen bayas, dejan caer semillas.

Otras semillas van a parar a arroyos, estanques, ríos o incluso
el océano. Viajan por el agua hasta que se adhieren a la
tierra de la orilla.

El viento dispersa las semillas. Algunas tienen una pelusa que
les permite flotar hasta caer al suelo como pequeños paracaídas.
Otras tienen alas que giran cuando las semillas caen.

Los animales también ayudan a esparcir las semillas. Algunos esconden bellotas y nueces en el suelo. Algunas semillas tienen ganchos que se adhieren al pelaje de los animales o a la ropa de las personas. Después caen al suelo.

¡Los macizos de flores y los huertos son hermosos! Se pueden sembrar semillas para que crezcan en un jardín.

Las semillas vienen en pequeños sobres o cajas. Las instrucciones explican cómo sembrarlas y cómo cuidar de las plantas.

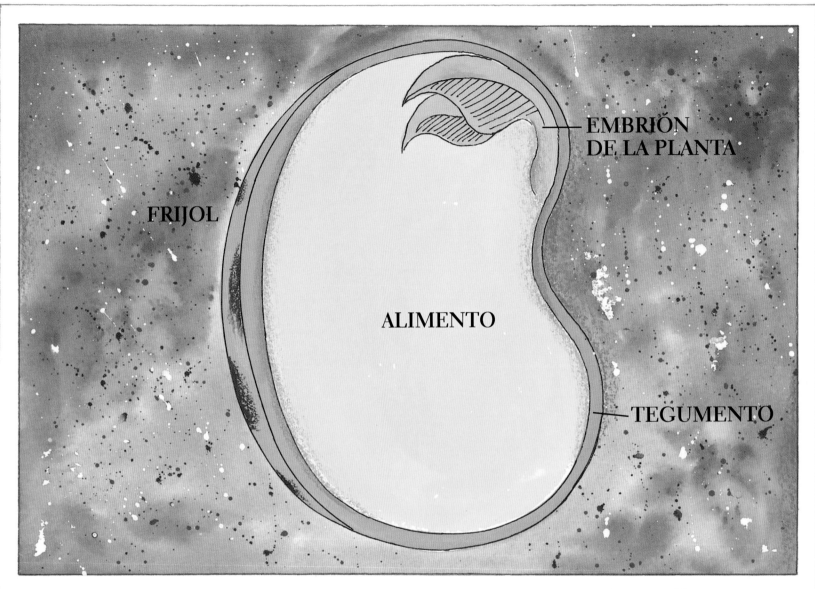

EMBRIÓN
DE LA PLANTA

FRIJOL

ALIMENTO

TEGUMENTO

El embrión de una planta está enrollado dentro de cada semilla.
Su alimento también se almacena en su interior. La semilla tiene
un tegumento o cubierta exterior que la protege.

Para que una semilla germine deben ocurrir varias cosas. En primer lugar, tiene que estar dentro de o sobre la tierra. Luego necesita lluvia o agua que la moje y ablande el tegumento.

GERMINACIÓN

RAÍZ

Cuando el sol brilla y calienta la tierra, el tegumento se abre y la semilla comienza a crecer. A esto se le llama germinación. La raíz crece hacia la tierra y se alimenta del agua y los minerales del suelo.

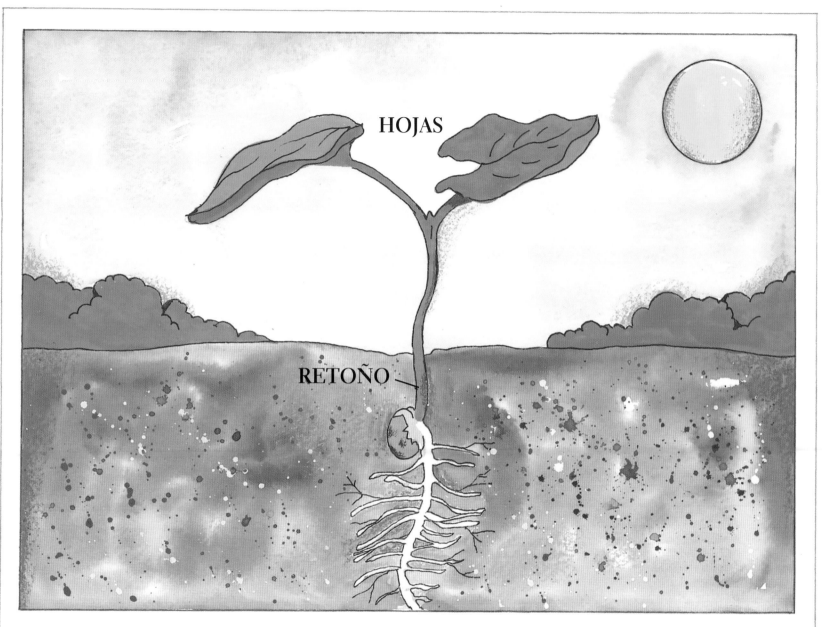

HOJAS

RETOÑO

El retoño crece hacia arriba y produce hojas verdes que buscan el sol.

La planta crece cada vez más. Las hojas producen
alimento para la planta a partir del agua y los minerales del
suelo, de la luz del sol y del aire.

CAPULLO

Por fin, la planta está completamente desarrollada. Sus capullos
se abren en flores, donde crecerán nuevas semillas.

Muchos de los alimentos que consumen las personas son semillas, frutos y vainas. Están llenos de nutrientes, vitaminas y minerales...

¡y son muy sabrosos!

PROYECTO "DE SEMILLA A PLANTA"

CÓMO CULTIVAR FRIJOLES

1. Busca un recipiente de cristal limpio. Toma un trozo de cartulina negra y enróllalo.

2. Introduce la cartulina en el recipiente. Llénalo de agua.

3. Coloca las semillas de frijol entre la cartulina negra y el cristal. Coloca el recipiente en un lugar cálido.

4. Cuando hayan pasado varios días, las semillas empezarán a germinar. Observa cómo crecen las raíces hacia abajo. Los brotes o retoños crecerán hacia arriba.

FRIJOLES

LA GERMINACIÓN DE LAS SEMILLAS

EL CUIDADO DE LAS PLANTAS DE FRIJOL

5. Llena con tierra una maceta de barro grande.

6. Con cuidado, saca las pequeñas plantas del recipiente de cristal. Colócalas en la tierra y cúbrelas hasta la base de los tallos.

7. Riégalas... ¡y míralas crecer!

SEMILLAS Y PLANTAS... SEMILLAS Y PLANTAS

Los científicos que estudian las plantas se llaman botánicos.

Algunas semillas solo germinan con el calor de un incendio forestal.

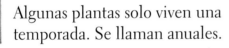

Algunas plantas solo viven una temporada. Se llaman anuales.

Otras plantas se secan al final de cada temporada y vuelven a crecer al año siguiente. Se llaman perennes.

Las plantas del desierto, como los cactus, almacenan agua en sus tallos. Esto les permite vivir mucho tiempo sin recibir agua de lluvia.

Las plantas de montaña son pequeñas para que el viento no pueda derribarlas.

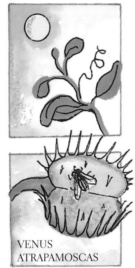

¡Las plantas se mueven! Muchas flores se abren por la mañana y se cierran por la noche. Algunas se cierran cuando llueve. Las plantas también buscan la luz.

VENUS ATRAPAMOSCAS

¡Algunas plantas comen insectos! Estas plantas viven en suelos donde no hay suficientes minerales para obtener alimento.

RAFFLESIA

La flor más grande del mundo se encuentra en la isla de Sumatra. Llega a pesar más de 10 kg y a medir más de un metro de diámetro.